AF363837

DECLARATION

DV ROY POVR LE

razement & demolition de toutes
sortes de fortifications des Villes
& Chasteaux qui ne sont frontieres & importantes au Royaume.

A PARIS,

Chez C. MOREL, P. METTAYER, &
A. ESTIENE, Imprimeurs
ordinaires du Roy.

M. DC XXVI.

Auec Priuilege de sa Maiesté.

OVIS par la gra-
ce de Dieu Roy
de France & de
Nauarre, A tous
ceux qui ces presentes Lettres verront, Salut. Sçauoir
faisons que comme cy de-
uant les assemblees des E-
stats de ce Royaume & cel-
les de personnages nota-
bles choisis pour nous donner aduis & au feu Roy nostre tres-honoré Seigneur
& Pere sur les plus impor-

tantes affaires de ce Royaume, mesmes l'assemblee des
Estats de cette Prouince de
Bretaigne tenue par nous en
l'annee mil six cens quator-
ze, ayant continuellement
requis,& tres-humblement
supplié nostredit feu Seigneur & Pere & Nous, de
faire demolir plusieurs places fortes en diuers endroits
de ce Royaume, lesquelles
n'estans ny frontieres des
ennemis & voisins, ny en
passages & endroicts de cō-
sequence, ne seruoient qu'à
augmenter nostre despense

ſous le nom d'entretenemẽt
de garniſons inutiles, & à la
retraicte de diuerſes perſon-
nes qui aux moindres mou-
uemens   incommodoient
grandement les Prouinces
où elles ſont ſcituées : Ce
que nous ayant eſté reiteré
par nos ſubjets des trois or-
dres de cettedite Prouince
de Bretaigne de preſent aſ-
ſemblez en Eſtats : Cela
nous a donné ſubjet de rei-
terer auſſi les Ordonnances
qui ont eſté cy deuant fai-
tes, tant pour cettedite Prouince que pour le ſurplus de

noſtre Royaume, afin de re-
trancher d'autant plus la
deſpenſe, oſter ces occaſions
de troubles & remuemens
& deliurer noſtre peuple
des incommoditez qu'il en
reçoit, deſirans de toute noſtre affection contribuer
tous les moyens qui nous
feront poſſibles pour le repos & ſoulagement de nos
ſubjets, maintenir les Prouinces en grande tranquilli-
té, oſter autant que nous
pourrons toutes les occa-
ſions qui peuuent feruir à
les inquieter, & par le retrã-

chement de la defpenfe lequel nous entendons faire
en toutes chofes , mefmes
dans noftre propre maifon;
diminuer les charges que
portent nofdits fubjets, lef-
quels nous auons defia arre-
fté de foulager & defchar-
ger de la fomme de fix cens
mil liures fur l'eftat des le-
uées ordinaires en l'année
prochaine : Encores que
les defpenfes neceffaires &
ineuitables furpaffent de
beaucoup noftre reuenu,
pour raifon dequoy nous
employons volontiers les

moyés extraordinaires qui
nous sont proposez, mesmes
à la diminution de nostre
reuenu, plustost que de mettre nouuelle charge sur nostre peuple ou manquer à
son soulagement, Nous pro-
mettant moyennant la gra-
ce & benediction que nous
esperons de la Diuine bon-
té, que faisant succeder les
bons desseins qu'il luy plaist
nous inspirer pour le bien,
repos & soulagemér de nosdits subjets & prosperité de
cet Estat, Nous aurons tous
les iours par la conseruation
de la

de la paix, moyen de leur
faire reſſentir plus abon-
damment les effects de noſtre paternelle affection en-
uers eux. A ces cauſes de
l'aduis de noſtre Conſeil où
eſtoit la Royne noſtre treſ-
honorée Dame & Mere,
noſtre tres-cher & vnique
Frere le Duc d'Anjou, au-
tres Princes & principaux
Seigneurs de noſtre Con-
ſeil, ayant eſgard auſdites re-
monſtrances & de noſtre
grace ſpeciale, pleine puiſ-
ſance & auctorité Royale:
Nous auons dit, declaré &

ordonné, & par ces presentes signées de nostre main,
disons, declarons, ordon-
nons, voulõs & nous plaist,
Que de toutes les places fortes soit Villes ou Chasteaux
qui sont au milieu de nostre
Royaume & des Prouinces
d'iceluy non scituées en lieu
de consequence soit pour
frontiere ou autre conside-
ration importante, les fortifications en soient razées
& demolies, mesmes les an-
ciennes murailles abattues,
selon qu'il sera iugé neces-
saire pour le bien & repos

de nos subjets & la seureté
de cet Estat, en sorte que
nosdits subjets ne puissent
desormais apprehender que
lesdites places soient pour
leur donner aucune incom-
modité,& que nous soyons
deschargez de la despense
que nous sommes contrains
de faire pour les garnisons.
Si donnons en mandement
à nos amez & feaux les
gens tenans nostre Cour de
Parlement à Paris, que ces
presentes nos Lettres de De-
claration ils facent lire, pu-
blier & regiftrer pour satif-

faire au contenu en iceluy,
Nous donner aduis des places & lieux plus neceſſaires
à demolir, & en ruiner les
fortifications pour le repos
de nos ſubjets & ſeureté de
noſdites Prouinces, & des
moyens plus propres &
conuenables pour y parue-
nir & faire plus prompte-
ment, plus facilement & à
moindre foule executer noſtre preſente volonté. Man-
dons auſsi à tous les Gou-
uerneurs & nos Lieutenans
Generaux en toutes les Prouinces de ceſtuy noſtre

Royaume, nous donner les mesmes aduis, afin que chacun contribuant à vn si bon dessein nostre peuple en soit plustost soulagé, Car tel est nostre plaisir : En tesmoin dequoy Nous auons faict mettre nostre seel à cesdites presentes. Donnée à Nantes le dernier iour de Iuillet, l'an de grace mil six cens vingt-six, & de nostre regne le dix-septiesme.

Signé,   LOVIS.

Et sur le reply, Par le Roy.

DE LOMENIE.

Et seellé du grand sceau
de cire iaune sur double
queuë.

Et encor sur ledit reply
est escrit :

Leuës, publiées et Registrées,
Ouy et ce requerant le Procureur
General du Roy, pour estre exe-
cutées, gardees et obseruées selon
leur forme et teneur, et coppies
collationnées d'icelles enuoyées aux
Bailliages et Seneschauffées de ce
ressort, pour y estre pareillement
leuës, publiées, Registrées et exe-
cutées à la diligence des Substi-
tuts dudit Procureur General qui

certifieront ladite Cour auoir ce
faict au mois, dans lequel temps
seront les Officiers desdits Bailliages et Seneschauffées tenus en-
uoyer vn estat des places fortes
soient Villes ou Chasteaux estans
dans l'estendue de leur reffort. A
Paris en Parlement le septiesme
iour de Septembre mil six cens
vingt-six.

Signé,   DV TILLET.